HOMELIE XXXVII.

POUR

LE CINQUIEME DIMANCHE D'APRES L'EPIPHANIE,

SUR

LE BON GRAIN ET LA ZIZANIE.

OU

SECONDE PARTIE DE L'HOMELIE XXXVI.

Par M. le Curé de Saint Sulpice.

A PARIS,

Chez RAYMOND MAZIERES, Libraire, ruë ſaint Jacques, prés la ruë de la Parcheminerie, à la Providence.

M. DCCXI.

AVEC PRIVILEGE DU ROY.

HOMELIE
SUR
LE BON GRAIN ET LA ZIZANIE.
QUATRIE'ME CONSIDERATION.

A Cette fertilité du sacré Terroir de l'Eglise primitive, dont on a parlé, mes tres-chers Freres, il faut joindre la fecondité *du grain* dont le pere de Famille l'ensemença ; *simile factum est regnum cœlorum homini qui seminavit bonum semen in agro suo*, d'où parconsequent on a droit d'attendre une riche moisson : En effet, quel Terroir seroit plus fertile que le Terroir de Dieu même, *in agro suo* ? quel grain plus fecond que le grain de Dieu même : *Triticum meum* ? quelle vertu plus fructifiante que celle qui se trouve refermée dans le semence de Dieu même, *semen suum* ? c'est à-dire, dans les instructions, les exemples, & les graces répanduës à pleines mains sur le sacré Terroir de l'Eglise, par celuy qui se compare au grain de froment caché dans la terre, pour en sortir ensuite, & se multiplier à l'infini, *multum fructum affert* ; & comme s'exprime S. Augustin, *ipse Dominus Jesus erat granum mortificandum & multiplicandum.* Car il faut remarquer icy, que le pere de Famille ne donne aucun bien qu'à la charge de l'accroistre, & de rendre témoignage par cette production multipliée, à la fecondité inepuisable du principe de vie, d'où ses dons émanent ; ce qu'on peut aisément voir dans les cinq Paraboles que l'Evangile nous propose sur ce sujet.

La premiere, est d'un homme noble, qui partant pour aller prendre possession d'un Royaume, fait venir devant luy ses principaux Officiers, & leur distribuë plusieurs marcs d'or, ou d'argent, afin qu'ils les multiplient dans le commerce ; aprés quoy il s'en va. Les Citoyens de ce lieu, qui le haïssoient, envoyent une legation aprés luy, disans : Nous ne voulons pas que celuy-là regne sur nous : cependant ce Roy revenu punit de mort ses sujets rebelles, & fait rendre compte à ses Officiers de l'administration de son argent. Le premier avoit gagné dix marcs ; il luy donne autorité sur dix villes ; *eris potestatem habens super decem civitates.* Le second en avoit gagné cinq, il l'établit sur cinq villes, *& tu eris super quinque civitates.* Le dernier, au lieu de faire valoir l'argent de son maître, l'avoit ſerré dans un linge propre, *in ſudario*, ſans en avoir fait aucun uſage. C'eſt le don de gouvernement, que Jeſus-Chriſt, noble par ſon extraction divine, *prænobilis ex eſſentia Patris*, dit S. Baſile, & par ſon extraction humaine, affranchie de tout tribut envers le peché; *nobilis per aſſumptionem carnis*, & nous annobliſſant par nôtre regeneration en luy, & par nôtre delivrance de deſſous le dur joug de la convoitiſe, *ad depugnandam hanc rebellionem regnavit*, confie à ſes Miniſtres, qu'il prépoſe en ſon Egliſe pour regir les Fideles, & les multiplier; *negotiamini dum venio*; malgré les oppoſitions du monde, toûjours rebelle aux loix de l'Evangile, *nolumus hunc regnare ſuper nos.* De cette ſorte ceux qui par le don de gouvernement augmentent en ce monde le peuple de Dieu, ſeront établis en l'autre ſur les nations ſoumiſes à cet homme noble, quand il reviendra ayant reçû le Royaume, *accepto regno*, & communiquant à ſes principaux Miniſtres ſon autorité, *& tu eris ſuper decem civitates* : & celuy qui ne cherche que le repos dans la dignité, *ecce mna tua quam habui repoſitam in ſudario*; c'eſt-à-dire, ſelon S. Auguſtin, *qui pigro languore ac verbi miniſtratione conquieſcit*; celuy là ſera degradé, *auferte ab illo mnam, & date illi qui decem mnas habet.*

in c. 13. Iſa. p. 243.

ibid.

ibid.

La ſeconde Parabole, eſt d'un Maître qui s'en allant en voyage, appelle ſes ſerviteurs, & leur confie pluſieurs talens, pour les faire valoir dans le negoce. Aprés un temps conſiderable, ce Maître revient, & fait rendre compte de ſon argent à ſes ſer-

Math. 25. 14. &c.

viteurs ; l'un auquel il avoit donné cinq talens, en a gagné cinq autres : le second en a gagné deux, & l'un & l'autre sont recompensez à proportion : le troisiéme avoit enfoüi le talent en terre, disant que son Maître étant un homme dur, voulant recueillir, où il n'avoit pas semé, il n'avoit pas jugé devoir hazarder son talent dans le commerce ; c'est le don de la parole, de la predication, de la direction, confié aux ouvriers Evangeliques, qui seront recompensez du fruit qu'ils auront produit dans le monde ; & celuy qui n'a eu dans la possession de son talent, que son interest & des vûës terrestres, *abscondi talentum tuum in terra*, sera dépoüillé de tout, *tollite ab eo talentum, & inutilem servum ejicite.*

La troisiéme Parabole, est *d'un Figuier*, qui ne porte point de fruit, quoyque planté dans un verger, où la terre est toûjours plus cultivée, & les arbres mieux soignez : c'est *l'état Monastique*, figuré par un figuier, qui, selon la remarque de S. Ambroise, & de S. Augustin, produit le fruit avant les fleurs & les feüilles; ce qui montre qu'on n'exige point ni l'autorité ni la predication dans un Solitaire ; mais de dignes fruits de penitence, pour luy & pour les autres. Aussi le Sauveur proposa-t-il cette Parabole incontinent aprés avoir dit, que si l'on ne fait penitence, on perira, *nisi pœnitentiam egeritis, omnes similiter peribitis.*

La quatriéme Parabole, est d'une vigne qu'un pere de famille a plantée, & entourée d'une haye d'épines, où il a construit un pressoir, élevé une tour, & dont il a commis la culture à ses vignerons : c'est l'état des Vierges, qu'une salutaire clôture separe du monde, & qui font les vœux d'une haute perfection sous la conduite des Ministres de l'Eglise; mais cette vigne, pour n'apporter point de fruit au pere de famille par l'usurpation ou la negligence de ceux qui s'en emparent comme de leur propre bien, leur est ôtée, & transferée à d'autres ouvriers, qui la rendront fructueuse au veritable proprietaire, *qui reddant ei fructum temporibus suis*, luy faisant produire ce vin mysterieux qui germe les Vierges, pour s'exprimer avec le Prophete, *vinum germinans Virgines*, duquel les ames pures étant comme saintement enyvrées, suivront l'agneau par-tout où il ira, & entreront dans le cellier mystique de l'époux, *quæ inebriatæ poculo salvatoris, generantur in virgines, & sequuntur agnum quocumque vadit, & audent dicere, introducite me in cellulam vini*, ainsi que l'interprete S. Jerôme.

Enfin, la derniere Parabole est d'un Laboureur qui seme son bled, dont une partie tombe sur les grands chemins, les épines, les pierres, & sur la bonne & meilleure terre, & qui fructifie à proportion des qualitez de chaque lieu où elle tombe: c'est le commun état des Chrétiens, dont les uns portent des fruits plus ou moins, & les autres n'en portent aucun. Ceux-là reçûs, ceux cy rejettez: il est donc visible que la Parabole des marcs d'argent & des talens regarde le Clergé; celle du figuier & de la vigne l'état Monastique; celle de la terre diversement ensemencée, l'état des Laïques; & toutes ensemble nous prêchent également, quoyque differemment, l'obligation de faire fructifier en nous & dans les autres les dons de Dieu & la vertu du grain qui nous est confié, en quelqu'un de ces trois états qu'on soit, ce que les Prelats, les Solitaires & les simples Fideles de l'Eglise primitive firent voir avec éclat dans la grandeur de leur zele, dans la perfection de leurs vertus, dans la pureté de leurs mœurs.

PREMIERE CONSIDERATION.

Commençons par le Clergé, & voyons avec quelle abondance les maximes du souverain Prestre & Pasteur des ames, répanduës ainsi qu'un grain fecond dans les livres sacrez, germerent dans le cœur de ses Ministres, quand elles y furent comme semées & reçûës par la lecture de ces paroles de vie à eux particulierement adressées: Soyez, saints parce que je suis saint: soyez parfaits comme vôtre Pere Celeste est parfait: soyez la lumiere du monde, soyez le sel de la terre, soyez des modeles de vertus au troupeau; soyez infatigables dans la priere: combien ces veritez & plusieurs autres semblables, fructifierent elles en eux? Rapportons-en des exemples, sans affecter de les ranger dans aucun ordre étudié.

Saint Jacques Evêque de Jerusalem s'abstenoit de viande & de vin, *à vino & à carnibus abstinuit*: il estoit si assidu à la priere, qu'après sa mort on luy trouva les genoux endurcis comme la peau d'un chameau; *adeò ut genua ipsius instar cameli occaluerint.*

Saint Fructueux Evêque de Tarragone, allant au martyre

martyre pour être brûlé vif, avec ses deux Diacres, quelques Chrétiens lui presenterent par le chemin un breuvage pour le conforter; mais il le refusa, disant qu'il étoit jeûne ce jour-là, & que l'heure de la refection n'étoit pas encore venuë, il étoit dix heures du matin; *agebatur enim hora quarta.*

Saint Athanase craignoit si fort d'être sensible au plaisir de la musique, qu'il faisoit plûtôt reciter que chanter les Pseaumes, & les Cantiques dans son Eglise; *tam modico flexu vocis faciebat sonare lectorem psalmi, ut pronuntianti vicinior esset quàm canenti.* *Conf. 10. 33.*

Saint Augustin s'accuse de s'être amusé à voir un chien courir aprés un lievre dans une campagne, où par hazard il passoit; *canem currentem post leporem jam non specto cùm in circo fit, at verò in agro si casu transeam, &c.* Il est vrai qu'il revenoit assez promptement à lui: mais, disoit il, autre chose est de ne pas tomber; autre chose de se relever promptement; *aliud est citò surgere, aliud non cadere.* *Conf. 10. 35.*

Saint Gregoire Thaumaturge eut assez de foy pour obtenir de Dieu de faire changer de place à une montagne: *& mane facto reversus invenit montem recessisse*: ainsi que S. Gregoire le Grand & d'autres Peres l'ont attesté. *L. 1. dial. c. 7.*

Saint Martin Evesque de Tours celebroit les divins Mysteres avec tant d'ardeur, qu'on vit un globe de feu s'élever audessus de sa tête, lors qu'il étoit à l'Autel; *dum sacramenta offerret beatus Martinus globus igneus apparuit super caput ejus.* Pourquoy s'en étonner, puisque sans cesse les bras & les yeux élevez, il étoit infatigable dans l'oraiſon, *oculis ac manibus in cælum ſemper intentus, invictum ab oratione ſpiritum non relaxabat*; & qu'à ſa mort preſſé par ceux qui l'aſſiſtoient, de n'avoir pas toûjours la vûë fixée vers le Ciel, il les pria de le laiſſer en cette poſture, afin, leur diſoit-il, de contenter mieux le zele qui le brûloit d'aller s'unir à Jeſus-Chriſt; *ſinite me potiùs cælum quàm terram aſpicere, &c.*

Saint Felix, ce vrai amateur de la pauvreté, quoique né extremement riche, *multo relictus in auro dives opum viguit*, n'avoit qu'un ſeul habit; que ſi quelquefois il s'en trouvoit deux, il donnoit le meilleur aux pauvres, & ſe contentoit pour lui du plus méchant, qui ſouvent le couvroit à peine, *unica veſtis eum ſæpe & vix unica texit, ſi geminas habuit, nudum meliore refovit.*

Pœ. 15.

Pœ. 16.

Le ſaint Eveſque de Nole nommé Maxime, que S. Felix avoit aſſiſté pendant la perſecution, eſtant venu à mourir, tout le peuple de la ville, comme des brebis ſans Paſteur, demanderent S. Felix à hauts cris, pour remplir cette place qu'il avoit ſi bien meritée par ſa doctrine, par ſon talent de la predication, & par la gloire de ſes ſouffrances pour la Foy: mais il refuſa conſtamment cet honneur, qu'il fit tomber ſur un Preſtre de la même Egliſe nommé Quintus, qu'il maintint devoir lui eſtre préferé, attendu qu'il eſtoit ſon ancien dans le Sacerdoce, ayant eſté fait Preſtre 7. jours avant luy; *functus erat, longum perfunctus Epiſcopus ævum Maximus, & populus ductu Paſtoris egebat, Felicis nomen totum balabat ovile, quem confeſſoris redimibat adorea Chriſto, quemque ſalutiferum ſpondebat lingua magiſtrum, vi-*

taque doctrinæ concors. . . . Velut indignus non audet honore crescere, testatur que seni mage debita Quinto, quòd prior ille gradum socii meruisset honoris Presbyter, hæc septem distabat summa diebus.

Rien n'est plus admirable que la vie de S. Gregoire de Nazianze, qui joignit au zele des Pasteurs les plus laborieux, l'austerité des Anachoretes les plus mortifiez; penetré de la crainte des jugemens de Dieu, & de l'amour de Jesus-Christ, il dit qu'il se priva des compagnies agréables, des festins, des assemblées publiques, des promenades, & de tous les divertissemens mondains; *sermonum lasciviam, æqualium consuetudinem omnibus jucundam, & amabilem, convivia, urbium fora, nemora, & balnea, omnia denique quæ pro dolosæ hujus vitæ floribus habentur, mihi grata esse desierunt, ex quo memet à terrenis rebus abducens Christum ulnis complexus sum*: que dés sa jeunesse il avoit atterré sa chair rebelle par des travaux continuels; *carnem meam ætatis flore lascivientem, & æstuantem multis & crebris laboribus attrivi*; qu'il avoit extirpé en lui la goumardise & la luxure, ces deux convoitises effrenees du ventre: *ventris satietatem, vicinamque rabiem sustuli*: j'ai, disoit-il, emprisonné mes yeux dans mes paupieres; *oculos palpebris infixi*: je me suis retiré dans un desert affreux, *horrida rupibus antra subii*: j'ai subjugué la colere, *iram abrupi*: j'ai garotté mes membres, & j'ai mis les pleurs en la place des ris: *membra defixi, risum deploravi*: tout a cedé en moy à Jesus-Christ: tout ce que je portois encore du vieil Adam, n'a servi qu'à en faire une victime au nouveau: *omnia Christo cesserunt, priora omnia conciderunt*: pour lit je n'ai eu que la terre, & pour vêtement qu'un âpre cilice; *terra mihi lectus fuit, asperrima vestis membra texit*: j'ai desseché mes yeux par de longues veilles, & je ne les ai humectez que par des torrens de larmes, *vigilias etiam, & lacrymarum imbres adhibui*: j'ai fatigué mes épaules par de pesans fardeaux: j'ai psalmodié les nuits entieres, me tenant droit comme une statuë: *interdiu labori humeros subjunxi, hymnis totâ nocte concinendis corpus instar statuæ defixi*: je me suis interdit toute pensée, & toute consolation humaine: je n'ai recherché ni les loüanges, ni la reputation, *nec verò laudes hominum famamque caducam appetii*, les habits de soye, les belles maisons, la musique & les festins m'ont esté en horreur; *nec me pellexit serica vestis nec, verò impensis convivia structa profusis suspexi, nec magnas habitare domos, & splendida tecta expetii, nec jucunda meam demulsit musica mentem*: le pain sec, le sel, & l'eau ont fait toutes les delices de ma table, qui souvent pourroit m'être commune avec les oiseaux: *at panis rigidus mihi grata obsonia præbet sal purum, simplex, nulloque instructa labore mensa, dein latices mihi sobria pocula fundunt, mensaque parum obest quin avium victui consimilis sit.* Enfin pour mourir à cette vie presente, j'ai supprimé les sentimens & les mouvemens de ma chair, condamné ma bouche au silence, & je me suis renfermé dans la solitude comme dans un sepulchre; *ut vitæ huic morerer, carnem meam vinxi, ab hominum cœtu atque frequentia me in solitudinem asserui.* Cependant ce fut cet homme mort à lui-même, qui ressuscita la Foi presque éteinte à Constantinople, qui sans orgueil remplit avec dignité la chaire patriarchale de cette grande Eglise, qui sans complaisance se vit reverer des Empereurs ; & que tant de succès éclatans ne firent pas revivre à lui-même, puisque les sacrifiant tous à la paix de l'Eglise, il alla s'ensevelir dans une horrible solitude pour y devenir lui-même un sacrifice : en cela semblable à cet Ange admirable, qui ayant rempli sa mission envers Manuë pere de Samson, & refusé qu'on lui offrît un sacrifice, obligea ce pieux Israelite d'en offrir un au Seigneur ; & se mit lui-même en la forme du corps qu'il avoit pris sur le bûcher allumé, & s'envola vers le Ciel avec la flame du sacrifice qui s'y élevoit, faisant ainsi de soi-même un sacrifice ; *si offers sacrificium, offer illud Domino ; cumque ascenderet flamma ascendit.* Excellente figure de la religion, & de l'humilité *de l'Ange du nouveau Testament*, qui par un respect souverain envers son Pere, aima mieux faire du corps qu'il avoit pris un sacrifice, que d'exiger qu'on lui offrît des sacrifices, dit excellemment S. Augustin : *quòd ergo stetit Angelus in altaris flammâ magis significasse intelligendus est illum magni consilii Angelum in forma servi hoc est in homine quem suscepturus erat : non accepturum sacrificium, sed ipsum sacrificium futurum.* Jud. 13. 20. L. qq. sup. tul q. 54.

Saint Paulin Evesque de Nole, fut surpris de ce qu'un Clerc qui l'estoit venu visiter en Carême, eut bien voulu ne pas refuser sa table, où l'on ne servoit dans des écuelles de bois que quelques legumes, & cela une fois sur le soir : *quotidiana jejunia non refugit, oluscula & pauperem mensulam vespertinus conviva non horruit* ; où l'on ne buvoit que dans de si petites tasses, qu'il n'y en avoit pas assez pour étancher la soif: *ita se ad mensuram nostri gutturis arcta-vit*: son humilité répondoit à sa mortification; car pressé de se faire tirer par un Peintre, & d'envoyer son portrait, il rejetta tout indigné cette demande: de qui voulez-vous, manda-t-il à Severe Sulpice, que je vous envoye l'Image? Est-ce de celui du vieil Adam, que je porte en moi, c'est-à-dire, de cet homme exterieur, terrestre & corruptible, qui doit estre rongé des vers, & que je prie Dieu de détruire en moi: *hujus imaginem in me, quæso, Deus conterat, & ad nihilum redigat.* Ah je ne sçaurois croire que c'elt la figure de celui-là que vous souhaitez! il faut sans doute que ce soit celle de l'homme nouveau que j'ai soüillé par mes pechez: mais quoy, je rougis de me faire peindre tel que je suis, & j'ai honte de me faire peindre autre que je ne suis; *erubesco pingere quod sum, non audeo pingere quod non sum.*

Saint Firme Evesque de Tagaste, ayant retiré, & caché un homme que des Satellites cherchoient, refusa de le leur découvrir: la religion l'obligeant à conserver la verité, il avoüa sçavoir où il estoit, *respondit quærentibus nec mentiri se posse, nec hominem prodere*: mais la charité l'obligeant à ne le pas livrer, il aima mieux souffrir toute sorte de tourmens que de declarer où il estoit, *passusque tam multa tormenta corporis*, & il demeura ferme dans sa resolution, *permansit in sententiâ.* On le conduisit à l'Empereur, qui, quoique Payen, non seulement admira la vertu de cet Evesque, mais de plus lui accorda sans peine le pardon de celui qu'il avoit caché: *usque adeò mirabilis apparuit, ut ipsi homini quem servabat, indulgentiam sine ulla difficultate impetraret*: c'est ce que nous rapporte Saint Augustin, qu'un tel exemple édifioit beaucoup. L. de mend. c. 23.

Saint Lucien Prestre & Pasteur d'une petite Bourgade dans la Palestine, rend témoignage que la coûtume estoit chez lui pendant le sacré temps de Carême, de se contenter de pain, d'eau & de sel : *& cœpi ex illa die jejunare, & ab omnibus me abstinere, & præter panem & salem in escam nihil sumere, & aquam bibere; sicut solemus in diebus sanctæ quadragesimæ*, comme on le lit dans sa celebre relation.

Saint Exupere Evêque de Toulouse, vrai imitateur de la veuve de Sarepta, dit S. Jerôme, pressé par la faim, ne songeoit qu'à rassasier le famelique, & le visage pâle & décharné par les jeûnes, il ne travailloit uniquement qu'à empêcher que le pauvre ne jeûnât, toûjours rassasié en lui-même, toûjours affamé dans le prochain, il estoit le seul indigent de son Diocese, aux besoins duquel il ne pourvoyoit pas. *Sanctus Exuperius urbis Tolosæ Episcopus, viduæ Sareptensis imitator, esuriens pascit alios, & ore pallente jejuniis fame torquetur alienâ.*

Saint Gregoire le grand ayant appris qu'on avoit trouvé un pauve mort, & apparemment mort de faim, s'imputa ce malheur, & se regarda comme coupable d'un meurtre : il en témoigna son regret, & voulut en faire penitence en se retirant de l'Autel pendant quelques jours, *æstimans eum stipis inopiæ periisse : ita per aliquot dies à missarum celebratione vacando tristatus est, tanquam si eum propriis manibus, quod dictu nefas est, peremisset.* Joan. diac. c. 29. L. 2.

Saint Felix Prestre de Nole, aprés diverses persecutions souffertes pour la foy, la paix estant renduë à l'Eglise, fut sollicité par une Dame pieuse, de demander à rentrer dans son bien confisqué, en consequence des Edits des Empereurs, sous pretexte qu'il en feroit des aumônes ; mais cette proposition fit horreur à ce bon Prestre : à Dieu ne plaise, répondit-il, que je reprenne des biens qu'on m'a ostez pour Jesus-Christ, *horruit amissos in jura reposcere fundos* : Il se contenta pour tout patrimoine d'un petit morceau de terre, quoique fort maigre, qu'il labouroit seul, & qu'il cultivoit de ses mains sans le secours de personne, & ce champ lui fournissoit son pain necessaire ; il le tenoit mesme à ferme sans le posseder en propre, ayant outre cela un petit jardin qu'il cultivoit, & dont il partageoit les legumes avec le pauvre, inseparable compagnon de sa table : *hunc retinens animum tria macri jugera rucis, nec proprio sub jure tenens, conducta colonus, ipse manu coluit, famulo sine, pauperis horti cum paupere semper collectum divisit olus, cum paupere mensa.*

Saint Chrysostome s'estant trouvé dans une assemblée d'Evêques, qui contestoient avec aigreur les uns contre les autres, sortit de l'Eglise, & s'abstint d'offrir le Sacrifice, quoyqu'il n'eût aucune part en leurs disputes, tant il jugeoit qu'il falloit porter au saint Autel un esprit calme, & libre de toute impression de colere donnée, ou même reçûe, *ipse egressus est; nolebat enim animo turbido sacrificium facere, his verbis evangelii obtemperans : Quando offers munus tuum.*

Palled. vi Chrys. p. 118.

Saint Augustin se plaignoit amoureusement à son Evêque

Evêque de ce qu'il ne luy donnoit point aſſez de tems pour ſe preparer au ſacerdoce par la priere, par la lecture, par les gemiſſemens, *orando, legendo, plangendo.* Mais il marqua bien en mourant combien il en avoit receu l'eſprit & rempli les devoirs, il fit tranſcrire les Pſeaumes penitentiaux de David, & les ayant fait attacher contre les murs de ſa ruelle, il avoit continuellement les yeux attachez deſſus, & répandoit ſans ceſſe des larmes: *Pſalmos Davidicos qui ſunt de pœnitentia ſcribi, ipſoſque jacens in lecto contra parietem poſitos diebus ſuę infirmitatis intuebatur, & legebat, & jugiter, ac ubertim flebat.* Et de peur qu'on n'interrompît ſon application à Dieu, dix jours avant ſa mort, il pria que qui que ce fût n'entrât dans ſa chambre, ſi ce n'eſt à l heure que le Medecin y venoit, ou qu'on luy portoit des alimens, *& ſic omni tempore illo orationi vacabat:* Enfin ſa derniere heure approchant, il ſe mit en une nouvelle ferveur, & priant avec nous, dit l'Auteur de ſa vie, il s'endormit en paix, *nobis adſtantibus ac videntibus, ac cum eo pariter orantibus obdormivit in pace.* Une mort ſi precieuſe, & de ſi ſaintes diſpoſitions degenerent-elles de celles de tout le Clergé de Carthage, & de celuy de Rome, ayant l'un ſaint Cyprien & l'autre ſaint Corneille à leur tête marchant en corps au Martyre, & ne ſe conſolant de ce qu'on ne les avoit pas immolez par le glaive, que dans l'eſperance de s'immoler eux-mêmes par la penitence, *Deo dicata devotio pro martyrio reputatur,* diſoient-ils. Pour couronner les vertus de ce grand Saint au lit de la mort, Poſſidonius, qui en fut témoin ocu- c. 31.

laire, nous aſſure qu'il ne fit point de teſtament, parce qu'il étoit ſi denué de tous les biens de ce monde, qu'il ne ſe trouvoit rien dont il pût diſpoſer: *Teſtamentum autem nullum fecit, quia unde faceret pauper Chriſti non habuit.* Saint Jacques de Niſibe commença par la vie ſolitaire à ſe rendre digne de l'Epiſcopat, il n'avoit qu'un cilice pour veſtement, que la terre dure pour lit, & pour aliment que les herbes, & les fruits tels que la nature les produit, & pour maiſon une grotte, ſe privant de feu, de vin, de lit, & d'alimens cuits; *Pro tecto habens cœlum, pro domicilio antrum, pro alimento quod ſua ſponte producitur, ignis uſum recuſans, pro veſtimento aſperrimi caprarum pili.* Devenu Evêque de Niſibe, il ne diminua rien de ſes auſterités, *neque cibum mutavit nec veſtimentum*, il changea veritablement de ſéjour, mais non pas de genre de vie, *loca quidem erant mutata, vitæ autem inſtitutio nullam accipiebat mutationem.* Aux jeûnes rigoureux qu'il obſervoit, au lit dur ſur lequel il couchoit, au ſac de poil de chevre dont il ſe revêtoit, il ajoûta les travaux immenſes de l'Epiſcopat, beaucoup plus grands que ceux de la vie ſolitaire, *creſcebant verò labores, & erant longè majores prioribus, jejunium enim & cubili humi ſtrato, & ſacco quo induebatur, acceſſerant etiam curę eorum, &c.* La Ville de Niſibe fut de ſon tems aſſiegée trois fois par Sapor Roy des Perſes, dont les armées étoient immenſes; mais ce grand Saint en qui les aſſiegés mettoient toute leur confiance étant monté deſſus les murs de la Ville, & voyant cette immenſe multitude d'ennemis, de chevaux, d'Elephans, & de machines de guerre, & les murs mêmes de la ville abbatus en grande partie, se mit en priere, & obtint de Dieu une si grande quantité de moûcherons, que la cavalerie, les Elephans & les Soldats de Sapor ne pouvant supporter les aiguillons de ces insectes, furent mis en déroute, & les habitans de Nisibe delivrés, *equi autem ac Elephantes raptis vinculis fugiebant huc & illuc dispersi, ut qui non possent illos ferre aculeos oratione Jacobi nubes cinifum & putheum protinus excepere, &c.* Qui pourroit ne pas admirer les rares vertus de saint Bazile, qui sceut allier ensemble la sainteté du Sacerdoce, & l'austerité de la vie monastique, quelque incompatibilité qu'elles semblent avoir entr'elles, dit saint Gregoire de Nazianze, *Cum solitaria vita, & ea quæ societate gaudet, ut plurimùm inter se dissideant, ac pugnent, præclarè eas inter se reconciliavit ac permiscuit.* Sa maison n'étoit garnie d'aucun meuble qui sentît la superfluité, ni son corps revêtu d'aucun habit qui ne fût necessaire pour cacher la nudité, *Domum supellectilis expertem, & supervacaneis rebus vacantem, illi verò nunquam fuit, præter corpus ac necessaria carnis integumenta.* Ses richesses consistoient à ne posseder aucun bien, & son ambition à ne s'attirer aucune loüange, *divitiæ autem illi erant nihil habere, pauper erat, ab omni laudis cupiditate alienus*; qui jamais fut plus abstinent que luy, ou pour mieux dire, qui fut jamais moins chair que luy? *quis unquam tanta inedia fuit, penè etiam dixerim, quis tam carnis expers.* L'abondance de sa table n'étoit pas dans la varieté des alimens qu'on luy servoit, mais dans la multiplicité des mets qu'on en excluoit, *hunc solum luxum norat nempè à luxu abstinere, & pluribus rebus indigere.* Pour habit il n'avoit qu'une seule tunique & un seul manteau, pour lit une natte pour ragoût du pain sec, du sel pur & de l'eau claire en mediocre quantité, *Hinc illi tunica una & pallium unum, & stratum humi lectulus, & obsonium panis & sal, & potio sobria aqua de fonte.* Qui jamais a plus precieusement conservé sa virginité, ou plus fidellement refrené sa cupidité que ce saint Prelat? *Quis magis quàm ille aut virginitatem in pretio habuit aut carni leges imposuit?* A qui tant de communautez de Vierges sont-elles redevables de leurs établissemens, de leurs sages constitutions, de leurs exercices spirituels, si propres à mortifier les appetits sensuels, ces dangereux ennemis de la chasteté; à tenir éveillées les ames pures, à défendre leurs yeux contre le sommeil de la non-chalance, à les obliger d'avoir les lampes de la ferveur allumées à la main, à se pourvoir de l'huile abondante de la devotion, & à meriter de se voir admises aux nôces du celeste Epoux? *Cujus sunt Virginum Cœnobia? Cujus præcepta illis mandata quibus omnes sensus coërcebat, &c. Deo qui solus purarum animarum sponsus est, atque insomnes animas, si modo cum claris lampadibus & copiosa olei alimonia, obviam ipsi prodierint, &c.*

Que dire de sa charité? Il avoit fait construire un grand hôpital prés Cesarée, ou plûtôt une nouvelle ville pour servir d'auspice à tous les pauvres, *paululùm extra civitatem pedem effer, ac novam civitatem conspice, pietatis promptuarium, &c.* Là il rassembloit les miserables mandians, les estropiez, les lepreux, les malades, qu'il servoit non seulement de ses mains, comme ſes maiſtres, mais qu'il embraſſoit & baiſoit comme ſes chers freres, *Quo circa ne labra quidem vir nobilis, & nobilibus ortus, gloriæque clariſſimus, ęgrotis admovere gravabatur, verùm ut fratres amplectebatur, &c.* Rien ne luy paroiſſant plus déplorable que ces eſpeces de ſpectres ou ces hommes éteints avant que d'avoir perdu la lumiere du jour, *Triſte & miſerandum ſpectaculum, homines ante mortem vitâ functi.* Des corps moitié morts & moitié vivans. *Ac pluribus membris mortui*, n'ayant retenu d'hommes que le nom, mais n'ayant plus de figure humaine, *nominibus potiùs quàm corporum lineamentis cognoſcendi*: Des malheureux exclus de la societé civile, chaſſés des villes, des maiſons, des aſſemblées publiques, du barreau, des bains, ſans avoir commis aucun crime, *civitatibus expulſi, domibus, foro, aquis, nec in publicis cœtibus, &c.* Des gens odieux dont les maladies excitent moins la compaſſion que l'averſion: *Non jam miſericordiam ob morbum, ſed odium ſui concitantes*: c'étoit ces gens-là que ce miſericordieux Paſteur recevoit avec une charité qui ne ſe rebutoit jamais, nous diſant entr'autre choſe, qu'étant nous-mêmes des hommes, nous nous gardaſſions bien de rebuter des hommes, *Ut cùm homines ſimus, non contemnamus homines.*

Saint Gregoire de Neoceſarée prévoyant ſa mort prochaine, voulut qu'on fit une exacte perquiſition de ce qui reſtoit encore de Payens, ſoit dans ſa ville Epiſcopale, ſoit dans ſon territoire, *ubi obitum ſuum preſenſit, ſtudioſè diligenterque totam urbem, agrumque circa vicinum perſcrutatur, ſcire volens quot adhuc eſſent infi-*

deles extra fidem reliqui: Et comme on luy eût rapporté qu'aprés avoir bien compté, il n'y en avoit plus que dix-ſept, *Ut cognovit non plures ſeptem-decim eſſe qui in antiquo errore permanſiſſent*: A ces paroles elevant les yeux au Ciel & ſon cœur à Dieu, il temoigna ſa douleur d'en laiſſer un tel nombre : *Acerbum etiam hoc inquit ad Deum ſuſpiciens*; mais il rendit graces au Seigneur en méme tems, de ce que n'ayant trouvé que dix ſept Chrétiens quand il vint dans ſon Evêché, il n'y laiſſoit que dix-ſept infideles quand il le quittoit, ajoûtant qu'il les recommandoit au zele de ſon ſucceſſeur; *Totidem erant fideles cum cœpi Epiſcopatum.* Quel des deux ſentimens étoit le plus admirable, d'une telle douleur ou d'une telle joye? & il mourut priant pour la perfection des uns, & pour la converſion des autres : *precatus & pro iis qui jam credidiſſent incrementum ad perfectionem, & pro incredulis converſionem*, ainſi que l'ont écrit ſaint Gregoire de Nyſſe & ſaint Baſile. Tel étoit le Clergé, tels étoient les Prelats, tels étoient les Eccleſiaſtiques de ces bienheureux tems, tel eſt le fruit des marcs precieux que cet homme noble revenu de ſon Royaume exigera de ſes Miniſtres auſquels en partant il aura confié le gouvernement de ſon Peuple, *Domine, mna tua decem mnas acquiſivit*, auſquels il a enjoint de multiplier ſes talens, *Domine, quinque talenta tradidiſti mihi, ecce alia quinque ſuperlucratus ſum*; diſant aux uns & aux autres, *negotiamini dum venio*, & recompenſant ou puniſſant les uns & les autres, *& tu eris ſuper decem civitates*; *tollite ab eo talentum.* Il eſt vray que de tems en tems, particulierement de nos jours, plusieurs grands Prélats se sont efforcez de ressusciter ce premier esprit Ecclesiastique; mais cette reformation, quoyque tres édifiante, n'a consolé que ceux qui n'avoient pas l'idée de l'ancien Clergé: semblables à ces jeunes Levites nez pendant la captivité de Babylone, qui n'ayant pas vû la gloire de l'ancien Temple, se rejoüissoient de la construction du nouveau, tandis que les anciens Prestres pleuroient, voyant combien celuy cy étoit inferieur au premier: *Plurimi de Sacerdotibus & principes patrum & seniores qui viderant Templum prius cùm fundatum esset, & hoc Templum in oculis eorum, flebant voce magnâ.*

SECONDE CONSIDERATION.

Les maximes de la perfection chrestïenne, & du détachement de toutes choses, que le Sauveur avoit prêchées, & répandues, ainsi qu'une divine semence dans son Evangile, & qu'il avoit pratiquées pendant sa vie mortelle, ne furent pas moins fecondes dans le sacré terroir de l'Eglise, que celles qui regardoient le Sacerdoce; un nombre incroyable de Fidelles de l'un & de l'autre sexe, comme une Terre alterée, les receurent dans leur cœur avec une avidité sainte de s'en édifier & un zele ardent de les multiplier: ils entendirent avec joye ces paroles: si vous voulez estre parfait, allez, vendez tout ce que vous avez, donnez-le aux pauvres, venez aprés moy, & vous aurez un trésor dans le Ciel: Si quelqu'un veut venir aprés moy, qu'il renonce à soy-mesme, qu'il prenne sa croix, & qu'il me suive: Si vous ne renoncez pas à tout ce que vous possedez, vous ne pouvez pas étre mon disciple: Celuy qui vient à moy, & qui ne haït pas son pere, sa mere, sa femme, ses enfans, ses freres & sœurs, & qui ne se haït pas encore luy-mesme, ne peut pas être mon disciple: Celuy qui quittera pere & mere, freres & sœurs, femme & enfans, terres, champs & possessions, recevra le centuple en ce monde, & la vie éternelle en l'autre. Ce fut sur ces saintes maximes, & beaucoup d'autres semblables, que l'état monastique se forma dans l'Eglise, & produisit des plantes peu inferieures aux fruits que le Clergé venoit de produire; la penitence & les larmes des Solitaires répondirent parfaitement aux souffrances des Martyrs & aux travaux des Confesseurs: la virginité jusqu'alors aussi peu connuë que pratiquée, devint une profession toute commune: les conseils évangeliques renfermez sous les trois vœux de chasteté, d'obéissance & de pauvreté, changerent bientôt les plus affreux deserts en des paradis de délices. L'on vit nôtre parabole d'aujourd'huy s'accomplir pour lors à la lettre, & le Royaume des Cieux ne parut jamais mieux estre semblable à un homme qui a semé du bon grain dans son champ: *Simile factum est regnum cœlorum homini qui seminavit bonum semen in agro suo.*

Si des Evêques & des Prestres d'une force d'esprit, & d'une prudence consommée également incapables d'estre surpris, ou de vouloir surprendre,

ne

ne nous affirmoient ce que nous liſons des premiers Anacoretes; ſi les hommes du monde les moins credules, de ſages & ſenſez Magiſtrats & des Hiſtoriens exacts, ne nous l'aſſuroient; ſi les plus illuſtres & ſaintes Dames de l'Empire Romain, les Empereurs mêmes n'en n'avoient eté témoins oculaires; ſi l'univers entier ne l'avoit ſçu, & vû, noſtre pieté languiſſante, & noſtre ferveur tombée, à qui ces grands exemples font des reproches, ne pourroit preſque y ajoûter foy. Le nombre ſeul & des Solitaires, & des Monaſteres de ces heureux tems, nous effraye, & encore plus la vie auſtere qu'on y menoit.

L'Abbé Appollo étoit Superieur de cinq cent Moines, partagez en differens monaſteres ſur une montagne; c'etoit un homme trés celebre par ſes vertus, par ſes bonnes œuvres & par ſes miracles; *Vidimus autem illic in ſolitudine virum Apollo nomine, qui monaſteria habebat ſuper montem, erat enim Pater monachorum circiter quingentorum; qui erat valde clarus, &c.* P. 747.

L'abbé Paul gouvernoit auſſi cinq cent Moines ſur une autre montagne; c'étoit un homme d'une oraiſon continuelle, *In hoc monte ſedent circiter quingenti homines ſub Paulo monacho optimo, fuit autem ejus opus & exercitatio orare perpetuò.* P. 75[illegible]

Saint Hor avoit ſous ſa conduite mille Religieux partagez en divers monaſteres ſur une montagne; c'étoit un homme admirable, qui parvint juſqu'à quatre-vingt dix ans, ne ſvivant que d'herbes & de racines, & qui perpetuellement, ou faiſoit oraiſon, ou chantoit les loüanges de Dieu, *In hoc monte Nitriæ* P. 71[illegible]

A aaaa

vir fuit admirabilis Abbas, Hor nomine, habens monasteria mille fratrum, qui vescebatur herbis & dulcibus radicibus, aquam bibebat quando inveniebat, in precibus & hymnis toto tempore perseverans. L'abbé Ammon étoit ſuperieur de trois mille Moines, qui gardoient tous un ſi profond ſilence, qu'on eût cru être dans un deſert inhabité ; *Vidimus alium, nomine Ammonam, Patrem ter mille monachorum, & tantum exercebant ſilentium, ut viderentur eſſe in ſolitudine.*

P. 737. Saint Pacome tout embraſé de zele pour le ſalut des ames, *magnâ charitate in homines*, étoit le pere ſpirituel de ſept mille Moines, & dans le ſeul monaſtere où il habitoit, il y en avoit quatorze cent. *Sunt autem hæc monaſteria habentia virorum circiter ſeptem millia, eſt autem primum, & magnum monaſterium, in quo ipſe habitat beatus Pachomius quod alia peperit monaſteria continens numerum mille circiter quadringintorum virorum.*

P. 712. On comptoit juſqu'à douze cent Solitaires aux environs de la Ville d'Antinople ; on en comptoit prés de deux mille en divers monaſteres proche la ville d'Alexandrie, qui reluiſoient en toutes ſortes d'excellentes vertus, *verſatus ſum tres annos in monaſteriis quæ ſunt circa Alexandriam, & manſi cum magnis, ſtudioſiſſimis & optimis viris circiter bis mille, omni virtute ornatis.*

P. 712. On voyoit encore dans une vaſte ſolitude qui s'étend depuis l'Egypte juſques vers l'Ethiopie, environ cinq mille Anacoretes: *In eo autem habitant ad quinque millia virorum*, entre leſquels il y en avoit ſix cent ſur une montagne, qui menoient une vie tres parfaite; *In hoc monte ſunt Anachoretæ, viri perfecti, numero ſexcenti.*

L'abbé Iſidore avoit dans ſon Monaſtere mille Religieux, *habebat monaſterium mille monachorum.* P. 759.

L'abbé Serapion en avoit dix mille ſous ſa conduite; *Serapion Pater multorum monaſteriorum, & qui præeſt multæ fraternitati, ut qui ſint decies mille numero.* P. 760.

On voyoit dans la Thebaïde ſuperieure un nombre preſqu'infini de Moines admirables, dont la vie auſtere & parfaite ſembloit être au deſſus des forces humaines, à qui Dieu communiquoit un don ſi merveilleux de faire des miracles, qu'ils reſſuſcitoient les morts & marchoient ſur les eaux, ainſi que d'autres ſaints Pierres, *in ſuperiori Thebaide ſunt viri valde admirabiles, & multitudo Monachorum infinita, quorum vitæ inſtituta viam humanam ſuperant, qui etiam mortuos ſuſcitant, & ſuper aquas ambulant ut Petrus.* P. 782.

La Ville d'Oxiringue dans la Thebaïde eſt trop celebre pour l'omettre icy : elle contenoit plus de Monaſteres que de maiſons, *plura monaſteria quàm domus videbantur.* Nous apprimes de l'Evêque du lieu, qu'on y comptoit juſqu'à vingt mille Vierges, & dix mille Moines, dont les vertus, les œuvres & les dons étoient admirables, & tous les habitans de cette grande & religieuſe ville, vivoient de la maniere du monde la plus chretienne, & la plus ſainte, *requirentes à ſancto Epiſcopo loci illius viginti millia virginum, & decem millia monachorum inibi haberi comperimus.* Enfin la multitude des monaſteres de la Paleſtine ſeule ne pouvoit ſe nombrer; *Per totam Palæſtinam innumerabilia monaſteria eſſe cœperunt.* Les ſaints Autheurs qui voyoient de leurs yeux tant de merveilles, ravis d'admiration, appli- P. 459. P. 80.

quoient à ces pieux ſolitaires, à ces hommes divins, les paroles des anciens Prophetes, qui prédiſoient qu'un jour viendroit que les deſerts fleuriroient, & ſeroient arroſez des eaux ſi abondantes, qu'ils deviendroient plus fertiles que les terres les mieux cultivées ; ce que l'on voyoit ſpirituellement accompli dans ces ſolitudes, plus peuplées de ſaints Anachoretes, que les grandes villes ne l'étoient d'habitans ; *Quæ quamvis de Eccleſiâ dicta ſint, tamen in Ægypti deſertis hæc etiam completa ſunt, ubi tantæ per urbes multitudines veniunt ad ſalutem, quantas Ægypti deſerta protulerunt, quanti populi habentur in urbibus, tantæ pene habentur in deſertis multitudines monachorum.*

Que dire à preſent de leurs rares vertus ?

Leur abſtinence étoit extrême, & preſque incroyable, ſi elle n'eût été viſible & connue à tout le monde.

L'abbé Jean âgé de quatre-vingt-dix ans, tout
aride & deſſeiché par le jeûne, s'étoit fait une longue
habitude à ne manger qu'une fois le jour ſur le ſoir,
& cela tres-peu, & jamais d'alimens cuits au feu : *jam*
P. 451. *enim continuo uſu, & jugi conſuetudine recipere cibum, niſi*
in veſpera, poterat, & hunc exiguum, & nullum per ignem
paratum, erat attenuatus, & aridi corporis præ abſtinentia.
Pluſieurs d'entre les Moines qui vivoient ſous la diſcipline de l'Abbé Ammon, ne mangeoient ni pain,
ni fruits, mais uniquement des herbes & des legu-
P. 759. mes : *multi neque panem comedebant, neque fructus, ſed ſo-*
lùm agreſtia.

L'abbé Iſidore pendant toute ſa vie ne porta jamais de linge, ne toucha jamais de viande, & ne sortit jamais de table rassasié : *usque ad horam exitus, nihil lineum gestavit, non tetigit carnes, numquam à mensa recessit repletus ad satietatem.* P. 709.

L'Abbé Dorothée ne mangeoit chaque jour que six onces de pain, & quelques herbes, & ne beuvoit qu'un peu d'eau : *comedebat singulis diebus sex uncias panis, & minutorum olerum fasciculum, aquæ autem bibebat modicum quid.* P. 713.

L'Abbé Ammon dés sa tendre jeunesse jusqu'à l'heure de sa mort, ne vécut que de fruits cruds, *à juventute usque ad mortem crudis vescebatur.*

L'Abbé Elie en sa jeunesse ne mangeoit qu'une fois par semaine : mais dans sa vieillesse il prenoit chaque soir trois onces de pain, & trois olives, *in juventute semel comedebat in hebdomada; in senectute autem tres uncias panis & tres oleas vespere.* P. 745.

Tous ces grands & merveilleux exemples étoient si ordinaires parmi les Moines anciens, qu'on peut dire que c'étoit des pratiques generalement observées par ces pieux hostes des deserts; la prudence oblige d'en supprimer beaucoup d'autres bien plus surprenantes, parce que le peu de ferveur de ces derniers tems, les rendroit presque incroyables. Ecoutons là dessus saint Jerôme : je ne parle point icy, disoit ce Pere, de la sobrieté dans le boire & le manger que gardent les Solitaires, *de cibis verò & potu taceo*; car helas! on les voit tous attenuez & languissans, se faire un grand scrupule de boire de l'eau fraîche, & parmi eux manger quelque chose de cuit est regardé comme une sensualité qui tient de la luxure; *cùm etiam languentes monachi, vix frigidâ aquâ utantur, & coctum quid accepisse luxuria sit.*

Un grand & saint Evêque assure avoir vû un Solitaire à Jerusalem nommé Adolius, si penitent, & si dessseiché par les mortifications, les jeûnes, & les veilles, qu'il sembloit plûtôt un spectre qu'un homme vivant, & que sa seule presence effrayoit les demons, & les mettoit en fuite: *Se enim super hominem exercuit, ut etiam ipsi pravi dæmones horrerent ejus austeritatem, nec ad eum quidem auderent accedere: propter summam autem exercitationem & vigiliam existimatus est esse spectrum.* Il redoubloit ses rigueurs pendant le Carême, ne mangeant qu'une seule fois en cinq jours, *In quadragesima enim comedebat post quinque dies*, & dans le reste de l'année il ne mangeoit qu'une fois en deux jours; *Toto autem alio tempore uno die interjecto.* Ce même saint Prélat assure en avoir vu un autre nommé Elpidius, qui depuis vingt-cinq ans ne mangeoit que deux fois la semaine, & qui passoit toutes les nuits, en chantant & psalmodiant, *vixit enim viginti quinque annos vescens solùm sabbatis & dominicis, stans autem totas noctes decantabat.* Un autre Solitaire ne vivoit que de cinq dates par jour: *alter quinque caricis per singulos dies sustentabatur*, au rapport de saint Jerôme, témoin d'une si merveilleuse abstinence. Un autre se maceroit par la soif, ne buvant jamais; & de plus ne mangeant que sept dates par jour: *hic enim omni potu in perpetuum penitus abstinuit, ac pro cibo septem tantum caricis sustentabatur.* Generalement parlant la plûpart de ces Solitaires ne vivoient que de de pain, de ſel & d'eau : *pane ſolo & ſale contenti.* Saint Pacome dés le moment qu'il ſe fut revêtu de l'habit monaſtique, ne mangea ni ne but jamais juſqu'à être raſſaſié, ou deſalteré, quoy qu'il ne vécût que de pain & d'eau : *Numquam ſatiatus pane & aquâ, vel quâlibet creaturâ aliâ.* Or il eſt ſans doute que la grace du Seigneur ſoûtenoit miraculeuſement ces modeles de penitence, comme on le voit par tout, particulierement dans la vie de ſainte Marie l'Egyptienne ; car interrogée par Zozime de quoi elle avoit pu vivre tant d'années dans un deſert ſi affreux, ſi ſterile & ſi brûlé, qui ne produiſoit rien pour la vie de l'homme, elle luy répondit ces admirables paroles : Tres-ſaint Abbé, luy dit-elle, le ſouvenir des perils dont il a plu à Dieu de me delivrer, m'eſt un pain que je n'ay pû juſqu'àpreſent conſumer, & la douce eſperance de mon ſalut, m'eſt un feſtin perpetuel : *Recordans enim de qualibus malis liberavit me Dominus, eſcâ nutrior inconſummabili, & ſatietatis poſſideo epulas ſpem ſalutis meæ.* C. 19 P. 389

Que dire encore de leurs travaux journaliers, de leur oraiſon continuelle, de leur mortification, de leur pauvreté, de leur détachement, de leur religion?

Le ſaint Abbé Chrone ne mangea jamais qu'il n'eût gagné ce qu'il devoit manger à la ſueur de ſon front : *Non extra laborem manuum comedit panem.* 765.

Saint Paphnuce pendant quatre vingt ans ne ſe ſervit que d'une ſeule tunique : *annis octoginta unâ tunicâ uſus eſt.* 795.

Saint Cheremon fut trouvé mort dans ſa chaiſe ſon ouvrage entre les mains : *Inventus eſt mortuus ſedens* 765.

in cathedra, & tenens opus in manibus.

Un Solitaire affligé de quelque mal qui demandoit la main du Chirurgien, livra son corps à cette operation douloureuse, & tandis qu'on luy coupoit les chairs, il s'entretenoit tranquillement avec ceux qui l'étoient venus visiter, & travailloit de ses mains à faire de la nate, comme si l'on eût fait cette operation sur
733. un autre corps que le sien. *Monachus dum à quodam medico curaretur, manibus quidem operabatur, palmæ ramos contexebat, & nobiscum loquebatur, reliquo autem corpori manum adhibebat chirurgus.*

L'abbé Jean demeura trois ans dans une grote en une oraison perpetuelle, sans s'asseoir & sans dormir, excepté quelques momens que sa lassitude pouvoit dérober à sa vigilance, & sans s'abstenir de communier tous les Dimanches; *Joannes tres annos sub quadam*
755. *rupe orans perpetuò, non sedens omnino, non dormiens, nisi quantum somni stans suffurabatur: dominicâ sumens Eucharistiam.*

743. Un autre Abbé fut trouvé à genoux mort dans la priere: *Genibus flexis ad orationem consummatus est, ad Deum vadens.*

Saint Paul premier Ermite ayant rendu l'esprit dans la priere, son corps demeura à genoux, la tête droite, & les bras élevez, ensorte que saint Antoine arrivant, crut quelque tems qu'il n'étoit pas mort, mais ne l'entendant pas gemir ni soupirer, il trouva qu'il avoit expiré, *Introgressus speluncam vidit genibus complicatis erectâ cervice, extensisque in altum manibus, corpus exanime.*

Un

Un autre ſaint Anachorete, decedé depuis quinze ans, fut trouvé dans ſa grote en cette meſme poſture:
Reperit Anachoretam genibus flexis manibuſque in cœlum ex-
tenſis, & ita erat ac ſi ante unam horam obdormiſſet. 888.

L'Abbé Thomas étant mort en voyageant, on inhuma ſon corps dans le cimetiere des Pelerins; car il n'étoit pas connu en ce lieu-là; le jour ſuivant on enterra une femme dans la même foſſe, mais peu d'heures aprés le corps de cette feme fut rejetté au dehors du ſepulchre; ce qui étant encore arrivé une ſeconde fois, on inhuma le corps de cette femme ailleurs, & on connut la merveille que la chaſteté de ce bon Solitaire operoit même aprés ſa mort: *Clerici ipſius loci ſepelierunt eum quaſi peregrinum inter peregrinorum ſepul-*
chra, ſequenti verò die humaverunt & mulierem, & im- 887.
poſuerunt illam ſuper eum, ſed evomuit illam terra, &c.

Un Magiſtrat Romain étant venu trouver ſaint Arſene dans le deſert, luy porta le teſtament d'un Senateur ſon parent, qui le faiſoit legataire univerſel de ſes grands biens: *Deferens ei teſtamentum cujuſdam Senatoris parentis ejus, qui reliquerat ei hæreditatem magnam valde.* Mais ſaint Arſene prenant le teſtament, alloit le déchirer, ſi le porteur ne ſe fût jetté à ſes pieds pour le prier de n'en rien faire, parce qu'il en étoit reſponſable ſur ſa tête. Le ſaint Abbé s'arreſta pour lors, ajoûtant neanmoins ces paroles: Je ſuis mort longues années avant ce teſtateur, comment donc a-t-il
pû m'inſtituer ſon heritier: *Et dicit ei Abbas Arſenius,* 582.
ego priùs mortuus ſum quàm ille, ipſe autem modò mortuus eſt, quomodo me fecit hæredem & remiſit teſtamentum. Ce qui

surprend davantage, c'est que ce saint Religieux, si o-
pulent autrefois dans le monde, étoit pour lors dé-
nué de tout, jusqu'à n'avoir pas une obole pour se fai-
582. re soulager dans sa maladie, *usque ad unam siliquam
nummi.* On ne peut dire l'édification qu'on recevoit
d'entendre dans ces solitudes, le chant des loüanges
de Dieu, des pseaumes & des hymnes qui retentis-
soient dans les églises conventuelles de ces saints Religieux, & qui ravissoient tellement les assistans spec-
tateurs, qu'il leur sembloit estre transportez dans le
Paradis au milieu des Anges & des Bienheureux:
p. 713. *Circa autem horam nonam licet stare, & audire, in unoquo-
que monasterio hymnos & psalmos Christo canentes, & pre-
ces ad hymnos emittentes, adeò ut existimet quispiam se subli-
me elatum transmigrasse in paradisum deliciarum; licebat au-
715. tem videre multitudniem eorum qui cum Pachomio erant in
Ecclesiâ tanquam Angelorum choros Deum laudantium.*

Quelqu'un ayant été trouver le Moine Evagrius,
lui dit: Vostre pere est mort; mais ce Religieux veritablement mort à la chair & au sang, luy repartit
aussi-tôt: cessez de blasphemer, mon fils, cessez de blasphemer, je n'ay point d'autre pere que Dieu, qui est
immortel. *Evagrio monacho significata est aliquando mors
764. patris sui, & dicit ei qui renunciavit: Desine blasphemare,
meus enim pater est immortalis, Deum autem dicebat.*

Saint Pior ayant une sœur unique dans le monde, qui desiroit passionément de le voir, fut obligé
par ordre même de saint Antoine de luy accorder cette grace: il le fit, mais il ferma ses yeux, & se pre-
senta devant sa sœur sans la voir, luy disant: Je suis vô-

tre frere regardés moi donc tant que vous voudrés, aprés quoi il revint auſſi-tôt dans ſa ſolitude ſans avoir vû ſa ſœur : *& ſtans foris propè januam atrii clauſis oculis* 405.
ut non videret ſororem ſuam , dicit ei : Ego ſum Pior frater tuus, vide ergo me quantum volueris , & poſt hoc ſtatim reverſus eſt ad eremum in cellam ſuam. On voyoit des monaſteres entiers remplis d'un grand nombre de Religieux vivans enſemble, mais obſervant un ſilence ſi exact, qu'on eût crû être, non dans une communauté, mais dans un deſert, éloigné de toute habitation humaine : *vidimus autem cœnobitas qui tantum exercebant ſilentium , ut viderentur eſſe in ſolitudine.* Cette mul- 746.
titude ſilencieuſe faiſant douter ſi on étoit ſeul ou en compagnie, *omnis eorum converſatio ita eſt in multitudine poſita , quaſi eſſet in ſolitudine ;* leur abſtinence étoit ſi 458.
grande qu'on ne ſçavoit s'ils n'alloient pas plûtôt au refectoir, pour toucher les alimens qu'on leur preſentoit, que pour les manger : *ſedent ergo ad menſam contingentes magis quàm ſumentes cibos ;* s'ils ne venoient pas Ibi
plûtôt pour ne pas manquer à la table , que pour ſatisfaire à leur faim : *Ut non defuiſſe menſis, nec tamen ventri ſatisfeciſſe videantur.* Le ſaint Abbé Theonas demeura trente années ſans parler, gardant un ſilence inviolable avec une extréme fidelité. *Theonas ſanc-* 745.
tus in domuncula ſeorſum incluſus , qui tempore triginta annorum ſilentium exercuerit.

Quoyque ſaint Arſene fût extremement ſçavant, il ne voulut jamais neanmoins entrer dans aucune queſtion ſur l'Ecriture : *numquam voluit loqui de quæſtione aliqua ſcripturarum , cùm poſſet magnifice, ſi vellet ,* il disoit qu'il s'étoit toûjours repenti d'avoir parlé, mais jamais de s'estre tu : *loqui me semper pœnituit, tacere numquam*, solitaire jusqu'à ne pas vouloir demeurer dans un lieu, où le bruit des rozeaux sujets à estre agitez par le vent, troubloit le silence : *Fugiamus sonitum arundinum istarum.* Cet humble Saint avoit si grande peur qu'on ne rendît aprés sa mort quelque honneur à son corps, ou à ses reliques, qu'il defendit à ses Disciples de souffrir cela, sous peine d'en répondre au Tribunal redoutable de Jesus-Christ : & comme ils luy repartirent qu'il falloit donc qu'eux-mêmes pour le cacher quand il auroit expiré, l'ensevelissent & l'inhumassent, ce qu'ils ne sçavoient point faire, il ajoûta : Est-ce que vous ne sçauriez attacher une corde à mes pieds, & me traîner dans la montagne en un lieu écarté ? *Nunquid nescitis funem in pedibus meis mittere, & ita me ad montem trahere*? Telles estoient les magnifiques obseques que ce pieux Solitaire, autrefois si grand selon le siecle, vouloit qu'on luy fît. Aprés cela peut-on n'estre pas surpris de voir ces saintes victimes de la penitence trembler encore à l'heure de la mort.

Ce mesme bienheureux Arsene se voyant prest à rendre l'esprit, se mit à pleurer : *Cùm autem traditurus esset spiritum, viderunt eum flentem* ; interrogé de la cause de ses larmes, il répondit : je crains ce passage,
P. 621. & je n'ay jamais esté sans cette crainte ; *& dicunt ei : & tu times mortem ; & dixit eis: in veritate timeo valde, & iste timor semper fuit in me.* Un Abbé present à cette mort, sans doute precieuse, se mit à dire en pleurant : Heu-

reux Arsene, d'avoir pleuré en cette vie, parce que vous ne pleurerez pas en l'autre: *Audiens Poemen lacrymatus est, & ait: Beatus es, Abbas Arseni, quia flevisti in sæculo isto, qui enim in hoc sæculo non fleverit, sempiternè plorabit illic.*

L'Abbé Sirois se voyant à l'heure de la mort entouré de plusieurs Abbez & Religieux, se mit à dire qu'il voyoit des Anges venus pour recevoir son ame: *Abbas Sirois cùm tempus dormitionis ejus advenisset, & multi illic senes convenissent, ait: Angeli venerunt auferre animam meam*; & comme on luy demanda ce qu'il disoit à ces Esprits bienheureux: je les supplie, répondit il, de me laisser encore sur la terre quelque temps, afin d'y faire penitence; *& supplico illis ut paululùm me hic pro pœnitentia agenda sustineant*: surquoi ces bons Solitaires luy ayant reparti: helas! mon Pere, avez vous encore besoin de faire penitence? *Dicunt autem ei Patres, tu jam non indiges pœnitentiam agere*: le moribond plus éclairé au moment de sa mort, que pendant sa vie, toute consommée neanmoins dans la pratique des plus grandes austeritez, dans les jeûnes, les veilles, les gemissemens & les larmes, leur repliqua: je vous le dis en verité, que je n'ay pas encore commencé à faire penitence: & disant ces paroles, il rendit l'esprit: *at ille respondit: in veritate dico vobis, quia nec initium pœnitentiæ me reminiscor arripuisse; in hoc sermone reddidit spiritum.* P. 524.

Saint Hilarion estant à l'article de la mort, tenant les yeux ouverts comme un homme surpris, s'apostrofoit ainsi luy-même: sors mon ame, disoit-il, sors,

que crains tu ? fors qu'apprehendes-tu? *apertis oculis loquebatur, egredere, quid times? egredere, anima mea, quid dubitas ?* Il n'y a gueres moins de soixante-dix ans que tũ
P. 85. sers Jesus-Christ dans le desert, & tu crains la mort : *Septuaginta prope annis servisti Christo, & mortem times,* & proferant ces paroles, il expira, *in hęc verba exhalavit spiritum.*

Un autre celebre Abbé nommé Pembo, estant prés de mourir, & au moment même qu'il rendoit le dernier soupir, se mit à dire : helas ! je m'en vas trouver le Seigneur sans avoir encore commencé de le servir
P. 716. avec pieté & religion, *cùm esset moriturus, in ipsa hora exitus, dixit sic : ad Deum recedo ut qui nec pius quidem ac religiosus esse cœperim.*

Mais lorsque le sacré tems de Carême approchoit, rien n'estoit plus édifiant que de voir la devotion de ces pieux Anachoretes : Le Dimanche precedent ils
P. 383. recevoient à l'ordinaire les divins Sacremens : *Agebantur divina Sacrementa consuetè, & unusquisque particeps efficiebatur vivifici ac intemerati corporis & sanguinis Domini nostri Jesu Christi.* Ensuite ayant pris une legere refection, ils s'assembloient tous dans l'Eglise, où se mettant à genoux, & faisant leurs prieres à Dieu, ils se donnoient les uns les autres le salut ; & s'approchant de leur Abbé le genou en terre, ils l'embrassoient, & se recommandant à ses prieres, ils luy demandoient la grace de les accompagner en esprit dans la retraite & les combats qu'ils alloient entreprendre : cela fait, on ouvroit les portes du Monastere, qu'ils tenoient fermées en tout autre temps pour

n'eſtre point interrompus dans leurs exercices ſpirituels, & ils entonnoient en ſortant le Pſeaume 26. qui commence par ces paroles : le Seigneur eſt ma lumiere & mon ſalut, qui craindray-je ? le Seigneur eſt le défenſeur de ma vie, de qui auray-je peur ? il ne reſtoit dans la maiſon que tres-peu de freres, non point pour garder leurs richeſſes ou leurs meubles precieux, ou leurs grandes proviſions, n'ayant rien qui pût attirer la cupidité des voleurs, *non ut cuſtodirent ea quæ intus erant repoſita, non enim erant apud illos aliqua furibus congrua* : mais afin que l'Office divin n'y ceſſaſt point, *ſed ne oratorium abſque divinis relinquerent ſolemniis.* Au reſte chacun d'eux prenoit avec ſoy dans un panier ſelon ſon beſoin ſa petite proviſion pour ſon Carême, l'un des dates, l'autre des figues, l'autre des legumes ; d'autres enfin ne ſe muniſſoient que d'un fonds religieux de confiance, & d'abandon en l'amoureuſe providence de leur Pere Celeſte, ne s'attendant qu'aux herbes & aux racines qui croiſſoient dans le deſert : ayant enſuite paſſé le fleuve du Jourdain, ils ſe ſeparoient & prenoient des routes differentes dans les vaſtes deſerts de l'Arabie, pour paſſer la ſainte Quarantaine dans les exercices de la penitence, du jeûne, du ſilence, de la pſalmodie, chacun ſuivant les endroits qui s'offroient à eux, pour ne revenir & ne ſe retrouver au Monaſtere que quelques jours avant la Paſque : *Ita omnia jejunia celebrantes revertebantur ad Monaſterium ante vivificum diem reſurrectionis Domini, & Salvatoris noſtri Jeſu Chriſti.*

Saint Jerôme rempli de l'idée de ces ſaints Anachoretes, assuroit que la plus belle fleur du parterre de l'Eglise, & que la pierre la plus precieuse entre tous les ornemens Ecclesiastiques, estoit l'éclat brillant de la vie des Moines & des Vierges : *certè flos quidem, & pretiosissimus lapis inter Ecclesiastica ornamenta, Monachorum & Virginum chorus*. En effet, le zele des personnes du sexe n'a point cedé à celuy des hommes.

Ep. ad Marcel.

Dans une seule ville d'Egypte il y avoit un celebre Monastere de Vierges, composé de cent trente cellules, où l'on menoit une vie toute celeste, & duquel on publioit de grandes & merveilleuses choses : *De quibus magnas & mirabiles virtutes homines prædicabant*. Les Religieuses qui l'habitoient ne buvoient point de vin, & ne mangeoient ny pommes, ny figues, ny raisins, ny aucuns fruits semblables : *in illo Monasterio nemo gustabat vinum, nulla illarum pomum edere, aut uvas aut ficus gustabat*. Quelques-unes d'entre elles s'abstenoient d'huile, *neque oleum edere volebant*, & jeûnoient deux ou trois jours de suite sans rien prendre, *quædam earum à vespere usque ad vesperam jejunium protrahebant, aliæ verò post biduum edebant, aliæ verò post triduum*. Elles n'avoient pour lit qu'un cilice d'une coudée de large & de trois coudées de long, étendu par terre, sur lequel elles prenoient un peu de repos, *& paululùm in ipsis requiescebant* : leur robe estoit aussi d'une espece de cilice qui s'étendoit depuis le haut jusqu'à l'extremité des pieds : *erant autem & vestes earum de cilicio usque deorsum obstringentes pedum extremitates*. Chacune travailloit autant qu'elle le pouvoit, *quantumcunque poterat, unaquæque laborabat*. Dans leurs infirmitez elles ne sçavoient

voient ce que c'estoit que de recourir aux relâchements ou aux medicamens, *& cùm aliquam earum aliquando contigisset infirmari, non ei fomentum, aut adjutorium aliquod medicinæ conferebatur.* Elles regardoient leurs maladies comme une grace que Dieu leur faisoit de les visiter, souffrant en patience leur mal, n'attendant de remedes que du celeste Medecin : *sed tanquam maximam benedictionem à Deo accipiebat, & tolerabat languorem donec eum medicina Dominica præveniret:* nulle d'entr'elles ne sortoit jamais hors la clôture, *nulla earum januas exibat* : celle qu'on jugeoit estre des plus prudentes de la maison estoit Portiere, & par elle on répondoit à tous les besoins, *erat autem janitrix per quam responsa omnia fiebant matura:* & le Seigneur operoit par ces saintes filles de miraculeuses guerisons, *multæque sanitates ibi fiebant.* On peut juger des autres Monasteres de Vierges par celuy-cy.

Le Saint Abbé Elie estoit Pere temporel & spirituel d'un Monastere de trois cent Religieuses, *collegerat enim ad trecentas.* 735.

Dans un autre solitude, *erat enim desertus locus*, on trouvoit un Monastere d'hommes fort nombreux sur le bord du Nil ; & de l'autre costé un Monastere d'environ quatre cent filles : *Circiter quadringentarum, & sunt quidem mulieres trans fluvium Nilum, viri autem ex adverso earum.* Chaque Dimanche un Prestre accompagné de son Diacre, passoit la riviere dans un petit batteau, pour aller dans l'Eglise des Religieuses celebrer les divins Mysteres & les communier ; & nul autre des Moines n'y alloit jamais : *Præter Presbyterum* 737.

autem & Diaconum nullus transit ad Monasterium fœminarum, idque die Dominico.

Car il eſt bon d'obſerver ici que ces anciens Peres, ſi éclairez dans la vie ſpirituelle, préchoient ſans ceſſe la frequente communion, parce qu'ils trouvoient, diſoient-ils, dans ce divin aliment une vertu celeſte pour reſiſter aux tentations, attribuant le malheur de ceux qui tomboient dans quelque déſordre, à la privation de ce pain des forts. L'Abbé Apollo aſſuroit qu'il falloit s'en approcher tous les jours, ſi l'on pouvoit, parce que, ajoûtoit-il, celuy qui s'éloigne des divins Sacremens, Dieu s'éloigne de luy : *qui*
P. 551. *enim ſe ab eis procul amovet, Deus quoque procul ab eo recedit.* Le S. Abbé Ammonius honoré du Sacerdoce, offrant un jour à Dieu le Sacrifice, vit à côté de l'autel un Ange écrivant dans un Livre le nom de ceux qui venoient communier, & qui effaçoit de ce livre le nom de ceux
P. 551. qui s'en éloignoient, leſquels même par un étrange accident moururent trois jours aprés : *Ammonius Abbas Presbyter aliquando offerens Deo Sacrificium, vidit Angelum ſtantem à dextris altaris, & notantem fratres accedentes ad gratiam, & ſcribentem in libro eorum nomina ; cùm autem non affuiſſent aliqui in ſynaxi, vidit delere eorum nomina, qui poſt tres dies ſunt mortui.* Saint Macaire parlant à une femme obſedée par le demon, lui dit ces paroles : ne vous abſtenez jamais de la communion ; car ce malheur
P. 10. vous eſt arrivé, parce que vous avez demeuré cinq ſemaines ſans participer aux divins Sacremens : *Nunquam abſtineas à communione Chriſti Sacramentorum, hæc enim tibi acciderunt quòd jam quinque hebdomadis non acceſſiſti ad intemerata noſtri Servatoris Sacramenta.* Au reſte,

quand une Religieuſe eſtoit morte, les ſœurs l'enſeveliſſoient & l'accommodoient, mettant ſon corps en eſtat d'eſtre inhumé, puis le dépoſoient ſur le bord du Nil ; & pour lors les Freres de l'autre part ſe mettant dans un batteau, traverſoient la riviere, portant en main des rameaux de palmiers & d'oliviers, & pſalmodiant & chantant, venoient enlever le corps de la défunte dans leur batteau, & le portoient inhumer dans leur cimetiere, *& in ſuis monimentis ſepeliunt.*

Dans la ſeule ville d'Ancyre, on y comptoit juſqu'à dix mille Vierges, ſous la diſcipline de diverſes Superieures d'une grande obſervance, & celebres par leur ſageſſe, leur zele à s'avancer dans la vertu & à y faire avancer les autres ; & leur temperance étoit merveilleuſe : *In civitate Ancyra ſunt multæ quidem aliæ Virgines, nempe ad decem millia, quæ exercentur & in omni virtutis inſtitutione militant, omneſque temperantiæ legibus claræ & inſignes fœminæ, & divinum certamen ſtudio exercentes* : Dans la ville d'Antinoïs, on y comptoit juſqu'à douze Monaſteres de filles d'une non moindre regularité. Outre le general ſi édifiant de ces ſaintes Communautez de Vierges & de penitentes, on en voyoit en particulier quelques-unes d'entr'elles qui donnoient des exemples de vertu par deſſus les autres.

Léur eſprit de componction étoit admirable. Thaïs, cette fameuſe pechereſſe, retirée dans un Monaſtere, & renfermée dans une cellule dont on avoit muré la porte, demeura trois ans entiers à pleurer, *flens ſemper*, n'oſant, par reſpect pour le Seigneur qu'elle avoit offenſé, nommer le nom adorable de Dieu, ni lever les mains en haut, ni regarder le Ciel : *Non es digna nominare Deum, nec ad Cælum manus expandere.*

Aprés neuf à dix ans de vie reguliere, une d'entre elles s'étant malheureusement laissé seduire, en conçût un si mortel regret, qu'elle pensa s'en desesperer : ses larmes & ses austeritez pendant trente années, ne finissant point, un saint Prestre connut par une revelation divine, qu'elle avoit plû davantage à Dieu dans sa penitence, que dans sa virginité : *Se totam insigniter dedens continentiæ ægrotis mancisque ac mutilatis serviens triginta annos ita Deum placavit, propitiumque reddidit, ut cuidam sancto Presbytero revelaretur illam Deo magis placuisse in pœnitentia quàm in virginitate.*

Sainte Marie l'Egyptienne ayant commencé de raconter l'histoire de ses desordres au Bienheureux Zozime, s'arrêta tout d'un coup, & luy dit : Tres-saint Abbé, je vous supplie que je n'en dise pas davantage ; car ne sentez-vous pas bien que l'air qui nous environne est déja tout corrompu par le seul récit de mes crimes : *Dixi tibi, mi Domine senex ; ignosce mi-*
P. 386. *hi, ne compellas me meam dicere confusionem ; contremisco enim, novit Dominus, maculant enim & ipsum aërem hi sermones mei.* Ensuite une pieuse contestation s'éleva entre eux, car l'Abbé Zozime l'ayant invitée à se mettre en oraison avec luy, elle y consentit, pourvû qu'il commençât le premier : car disoit elle, vous estes Prestre, & moy je ne suis qu'une pecheresse : Non, luy disoit ce saint Abbé, c'est à vous à commencer : vous estes plus agreable à Dieu que moy, puisqu'il vous a revelé mon nom, & qu'il m'a caché le vôtre : *Dominum ora*

pro omni mundo & pro me peccatore: & illa reſpondit, ad eum te quidem oportet, Abba Zozima Sacerdotii habentem honorem pro omnibus & pro me orare. Mais comme, ajoûta-t-elle, il nous eſt commandé d'obéïr, je me ſoumetray à ce que vous deſirez de moy: *Sed quia obedientiæ præceptum habemus, quod mihi à te juſſum eſt bonâ faciam voluntate.* Qui n'admirera icy l'eſprit doux & humble des Saints, qui n'eſt ni contentieux ni obſtiné: aprés quoy cette Bienheureuſe penitente s'étant tournée vers l'Orient, levant les yeux & les mains vers le Ciel, ſe mit en oraiſon: *Et hæc dicens ad Orientem converſa, & elevatis ad Cœlum manibus & oculis, cœpit orare*: Ce bon vieillard tout effrayé de ce qu'il voyoit, & de la longueur de la priere de cette Sainte, ayant tenu pendant longtemps les yeux en terre, voulut la regarder; mais il fut encore bien plus épouventé quand il la vit, comme il le juroit & affirmoit devant Dieu, quand il la vit, dis-je, élevée en l'air de la hauteur d'une coudée: *vidit eam elevatam quaſi cubitum unum à terra, & in aëre pendentem orare*: pour lors ſa frayeur redoublant, il ſe proſterna le viſage contre terre, ſans pouvoir rien dire autre choſe que ces mots: Seigneur, ayez pitié de moy. Ces grandes faveurs & ces dons merveilleux, loing d'enorguëillir cette Sainte, ne la rendoient encore que plus humble: car ſur le point de ſe retirer, s'adreſſant à Zozime: Tres-ſaint Abbé, luy dit-elle, je vous conjure par le myſtere du Verbe incarné, que vous ayez ſoin de prier pour cette luxurieuſe: *Nunc autem obſecrans quæſo te per incarnationem Verbi divini, ut ores pro me luxurioſa.* O grande Sainte, pourquoy ne dites-vous pas: priez pour celle qui passe les rivieres à pied sec; qui connoist les gens sans les avoir jamais vûs, & les nomme par leurs noms; qui dans la priere est élevée de terre: Non, mais priez pour cette luxurieuse. Peut-on voir rien de plus touchant, rien de plus édifiant, rien de plus merveilleux dans les Moines les plus penitens, les plus humbles, les plus parfaits? & ce qui met le comble à des sentimens si religieux, fut ce qu'elle écrivit sur le sable, & qu'on peut dire avoir esté la belle Epitaphe du monde: Enterrez, Abbé Zozime, le corps de la miserable Marie; rendez à la terre ce qui appartient à la terre, & couvrez la poussiere de la poussiere: *Sepeli, Abba Zozima, miseræ Mariæ corpusculum, redde terræ quod suum est, & pulveri adjice pulverem.*

Les vertus extraordinaires n'estoient pas moins communes parmi elles, que parmi les Moines les plus parfaits: Un saint Abbé découvrit une de ces admirables Vierges, qui depuis vingt-cinq ans renfermée dans sa cellule gardoit un inviolable silence: *cognovit*
p. 761. *esse quandam Virginem silentium agentem, & quiescentem, quæ jam viginti quinque annis in cella erat inclusa, & quæ cum homine nunquam colloquebatur.* On admiroit bien autant une autre Abbesse d'un de ces merveilleux Monasteres situez sur le bord du Nil, laquelle depuis soixante ans qu'elle y habitoit n'avoit jamais regardé la riviere
p. 587. qui couloit le long de son Couvent: *Dicebant de Abbatissa beatæ memoriæ virgine sacra, quòd supra alveum fluminis sexaginta annos habitaverat, & nunquam inclinata est, ut flumem ipsum aspiceret.* On en admiroit une autre

qui depuis trente années ne mangeoit que deux fois la semaine, & qui passoit sa vie dans une continuelle oraison : *Quæ trigesimum annum jam exercetur, & præter sabbatum & dominicam nullo alio die vescitur, & facit septingentas orationes quotidie.* La Bienheureuse Marcelline, au rapport de S. Ambroise son frere, vivoit dans une abstinence si rigoureuse, que souvent elle demeuroit plusieurs jours & plusieurs nuits sans boire ni manger : *Innumera tempora sine cibo, multiplicatis diebus & noctibus* : Les alimens qu'on luy presentoit pour sa nourriture estoient si mal accommodez, que la faim lui estoit plus supportable que le manger : *Ut edendi fastidio jejunium desideretur* : Si sobre, qu'elle ne beuvoit que de l'eau ; si devote, qu'elle ne prioit jamais sans larmes : si vigilante, qu'elle ne s'endormoit que sur la lecture : si laborieuse, qu'elle n'avoit pour repos que le seul changement de travail : *Potus è fonte, fletus in prece, somnus in codice, mutatio laboris, induciæ* : sa tante sainte Sothere, jeune, belle & riche, ajoûte le même Saint, ne leva jamais son voile de dessus son visage, que pour professer la foi devant les Tyrans, que pour recevoir des souflets, & se consommer par le martyre : *Vultum aperuit soli invelata martyrio.* P. 751.

Au reste que celui-là ne croye pas ces choses possibles, qui ne croit pas que tout est possible à celui qui croit, dit saint Jerôme, témoin oculaire de ces sortes de merveilles : *Hæc igitur incredibilia videbuntur iis qui non crediderint, quia omnia possibilia sunt credentibus.* Que celui-là ne croye pas ces choses qui ne sçait pas, ce que pouvoit la chaleur du Sang de Jesus-Christ re- *In vita Pauli init.*

cemment épanché, & la ferveur de la foi recemment reçûë, ajoûte le même Pere : *Quando Domini nostri adhuc calebat cruor, & fervebat recens in credentibus fides* : Mais que celui qui les croit gemisse de ce qu'il voit : qu'il s'écrie avec saint Macaire revenant de visiter ces anciens Solitaires : j'ai vû, j'ai vû des Moines, je ne suis pas digne de porter le nom de Moine : *vidi Monachos, non sum ego Monachus* : qu'il s'écrie avec Saint Antoine revenant de voir Saint Paul : malheur à moi, malheur à moi, pecheur que je suis : je porte le nom de Moine, & qui ne le suis pas : *Væ mihi peccatori, qui falso Monachi nomen fero.*

Ad Demetmed. Ep. 87. p. 784. nov. Edit.

O seroit-on dire ici voyant les ruines de tant de Monasteres, autrefois si celebres, si remplis de saints Religieux, où l'on chantoit nuit & jour les loüanges du Seigneur, où l'on menoit une vie toute angelique, & qui presentement sont devenus vuides & presque inhabitez, ce que Saint Chrysostôme écrivoit de son temps, que l'Eglise étoit devenuë semblable à une Princesse opulente à qui on a enlevé des tresors & des pierreries d'une infinie valeur, & qui ne montre plus que les cabinets & les armoires, où tant de richesses avoient autrefois esté renfermées.

Telle fut la fecondité de ce figuier Evangelique planté par le Pere famille dans le sacré jardin de son Eglise, pour lui faire porter des fruits dignes de la penitence : *Arborem fici habebat quidam plantatam in vinea sua.*

Telle fut l'abondance de cette vigne mystique plantée par le celeste Epoux, pour luy faire produire le le vin mysterieux qui germe les Vierges : *Vineam pastinavit homo , & circumdedit sepem.*

TROISIE'ME CONSIDERATION.

Le peuple fidele gouverné par des Pasteurs si saints, édifié par des Solitaires si parfaits , arrosé par les sueurs de tant d'hommes Apostoliques, & par les larmes de tant de celebres penitens , pouvoit-il ne pas produire en abondance des fruits, differens peut-être de ceux de l'état Ecclesiastique & monastique; mais qui sans doute en leur façon enrichirent, & embellirent le champ de l'Eglise ? *nam & si diversi , unius tamen agri fructus sunt*, continuë S. Ambroise; & furent les heureuses productions des maximes & des exemples que les premiers Chretiens donnerent à la Religion naissante : exemples qui devoient servir egalement d'instruction & de reproches aux siecles avenir. L'Ecriture nous dit , que ces premiers Fideles, étoient si unis ensemble qu'ils possedoient toutes choses en commun : *Erant pariter , & habebant omnia communia :* qu'ils vendoient leurs heritages & les distribuoient selon le besoin que chacun en avoit , *& dividebant illa omnibus prout cuique opus erat* : que nul deux ne regardoit ce qu'il possedoit comme étant à luy en propre , que le mot de *mien* , & de *tien* , source du refroidissement de la charité étoit banni de leur societé ; *meum & tuum frigidum illud verbum* : dit saint Chrysostôme, & que leur grace étoit grande & abondante ; *nec quisquam eorum quæ possidebat aliquid suum esse di-*

Suprà.

Act. 2 44. & 4 34.

cebat, sed erant illis omnia communia, & gratia magna erat inter illos; qu'ils vendoient leurs maisons, & leurs terres, & en apportoient le prix aux pieds des Apotres, *quotquot enim possessores agrorum aut domorum erant, vendentes afferebant pretia eorum quæ vendebant, & ponebant ante pedes Apostolorum*; d'où il s'ensuit qu'il n'y avoit aucun pauvre parmi eux, *neque enim quisquam egens erat inter illos*. Montrant parlà, dit saint Jerôme, leur mepris des richesses temporelles, *ut ostenderent pecunias esse calcandas*, & d'ailleurs comme prévoyant la ruine prochaine de la Judée, ajoûte saint Thomas, *Quia Judæa destruenda erat in brevi*. Ainsi que dans la suite il arriva peu avant la destruction de Rome par les Goths: enfin l'Ecriture ajoûte, qu'assidus à la priere ils passoient les jours & les nuits dans le Temple, unis de cœur & d'esprit entre eux, loüant sans cesse Dieu, rompant le pain dans les maisons prochaines, & prenant leur nourriture avec joye & simplicité de cœur: *Quotidie quoque perdurantes unanimiter in templo, & frangentes circa domos panem, sumentes cibum, cum exultatatione & simplicitate cordis.*

Ep. 97. ad Demet. p. 792.

In Ep. ad Gal. 2. 2.

Tel fut le bon grain dont le pere de famille ensemença son champ: *Simile est regnum cælorum homini qui seminavit bonum semen in agro suo*. En voici l'heureuse production. Les premiers Fideles s'aimoient avant que de se connoître, ainsi que leur reprochoient les Payens: *se amant mutuò penè quàm noverint*, ils s'appellent, disoient-ils, freres & sœurs sans sçavoir de quelle famille ils sont, *se appellant fratres & sorores*; ils ont plusieurs corps, & n'ont pas plusieurs ames: *multa*

Octav.

corpora, non multæ animæ : ils ont pluſieurs bouches ; mais ils n'ont qu'une même voix, qu'un même ſentiment, qu'un même cœur ; *multa corpora, ſed non multa corda* : la crainte des ſupplices futurs leur fait mépriſer la douleur des ſupplices preſens. *Spernunt tormenta præſentia, dum incerta metuunt & futura* : l'attente des plaiſirs de l'autre vie, les oblige de rejetter les plaiſirs même permis de celle-ci : *Suſpenſi atque ſolliciti honeſtis voluptatibus abſtinetis* : les ſpectacles, les feſtins, les parfums ſont pour eux de dangereux amuſemens : *ſpectacula, convivia, odores* : ils ſont morts à la vie preſente qu'ils poſſedent, quoiqu'ils ne joüiſſent pas encore de la vie reſuſcitée qu'ils eſperent, *ita nec reſurgitis miſeri, nec interim vivitis* ; les demons qui par la bouche des Preſtres Payens dechirent la Religion Chrétienne, s'enfuient à la ſeule preſence d'un Chrétien : *Dæmones inviti Chriſtianos de proximo fugitant quos longè in cœtibus per vos laceſſebant* : les Chrétiens ou ſe privent du mariage pendant leur vie, ou n'en contractent qu'un : *cupiditatem procreandi, aut unam ſcimus aut nullam.* La ſeule fin qu'ils ſe propoſent en ſe mariant eſt d'avoir des enfans, & de les élever dans la pieté : *Matrimonium omnino non contrahimus niſi liberorum contrahendorum vel educandorum gratiâ.* Et pluſieurs d'entre eux gardent en ſecret la virginité : *plerique inviolati corporis virginitatate perpetuâ fruuntur potiùs quam gloriantur* : leur horreur pour la luxure étoit ſi grande, que les Juges Payens repreſentoient à une Courtiſane convertie à la foi, qu'elle ne pouvoit plus eſperer au Dieu des Chrétiens, ni à la gloire de mourir pour luy : *Meretrix*

S. Aug in Pſal. 132.

Inſt. ad Diog.

Acta. S. Afræ [illegible]

es ; sacrifica, quia aliena es à Deo Christianorum ; & cette sainte Penitente & Martyre appelloit l'argent de sa prostitution passée, des richesses execrables, *Pecunias execrabiles*, qu'elle les avoit rejettées comme des ordures abominables, *quasi sordes abjeci.* Que les pauvres Chrétiens avoient même eu une telle horreur de ce gain infame, qu'ils avoient refusé de le recevoir en aumône, *nolentes accipere aliquando fratres meos pauperes, etiam precibus exoravi.* Et saint Jerôme rapporte qu'un jeune Chrétien ayant souffert avec une constance invincible des tourmens atroces pour la foi, fut couché sur un lit molet dans un lieu delicieux, & lié avec des cordons de soie, pour être livré aux caresses impudiques d'une femme perduë, afin de voir si la volupté ne pourroit pas surmonter celui que les tourmens n'avoient pu vaincre : *Ut quem tormenta non vicerant superaret voluptas.* Mais ce chaste Fidele n'ayant rien de libre que la langue, se la coupa avec les dents par un mouvement du Saint-Esprit, & la cracha contre le visage de cette malheureuse ; éteignant ainsi par la douleur qu'il sentit le plaisir qu'elle vouloit luy faire éprouver : *Cœlitùs inspiratus præcisam morsu linguam in osculantis se faciem expuit : ac sic libidinis sensum succedens doloris magnitudo superavit* : jugeons aprés cela de leur temperance. Leurs repas étoient accompagnez de modestie, de sobrieté, de gravité, d'une joye sainte, de chastes entretiens, *Convivia non tantum pudica colimus, sed & sobria, gravitate hilaritatem temperamus, casto sermone, corpore castiori.* La priere precedoit toûjours ces religieux repas : *non priùs discumbitur quàm oratio ad*

In vita Paul.

Deum prægustetur: on n'y ſatisfaiſoit la faim & la ſoif qu'autant que la neceſſité le demande, & que l'amour de la pureté l'exige: *quantum pudicis est utile*; qu'autant qu'il convient à des gens qui ſçavent devoir ſe lever la nuit pour adorer le Seigneur: *Ita ſaturantur, ut qui meminerint etiam per noctem adorandum Deum ſibi eſſe*: Enſorte que leurs repas ſont plûtoſt des exercices pour nourrir la pieté, que pour contenter la ſenſualité: *Ut qui non tam cœnam cœnaverint quàm diſciplinam*. Leur attachement pour la Foi Catholique, & leur horreur pour les hereſies étoit ſi grande, qu'il ſuffira d'en donner ici un ſeul exemple. Theodoret rapporte que les Habitans de Samoſate ne voulurent jamais entrer dans l'Egliſe, tandis que leur Evêque Arien y étoit, & qu'ils l'y laiſſerent ſeul lorſqu'il voulut celebrer les offices divins, ſans qu'aucuns d'eux, ni grand ni petit pût ſe reſoudre à le voir ni lui parler: *Nemo ex incolis civitatis, non pauper, non dives, non ſervus, non opifex, non agricola, non hortulanus, non vir, non fœmina, non adoleſcens, non ſenex, conventus Eccleſiaſticos ex more frequentavit, ſolus ipſe degebat, cùm nemo eum videre, nemo alloqui vellet.* Bien davantage, ce Prelat heretique s'eſtant baigné dans un bain public, les habitans en firent écouler toute l'eau lorſqu'il en fut ſorti: diſant qu'il ſe fuſſent ſoüillez de s'y baigner aprés lui: *Tum verò illi aquam hæreſeos piaculo contaminatam eſſe rati, eam in ſubterraneos ſpecus emiſerunt.* Des enfans même joüans dans la place publique lorſqu'il y paſſoit, & leur balle s'eſtant trouvée ſous les pieds de la monture qui le portoit, ils ne voulurent plus ſe ſervir de cette balle, qu'ils ne l'euſſent purifiée dans un feu qu'ils allumerent exprés : *At pueri accenſo rogo, pilaque per flammam trajectâ, eam ita expiari crediderunt.* Aprés tout, il faut s'arreſter icy : car les exemples de la vertu des premiers Fidelles ſont ſi éclatans & ſi nombreux, qu'on ne ſçauroit les épuiſer, mais en meſme-temps ce ſont des exemples qui nous confondent. Il eſt écrit dans le Livre des Juges, qu'aprés la mort de Joſué & de ces Fidelles Iſraëlites témoins des merveilles operées par la Toute puiſſance de Dieu en Egypte & dans le Deſert, il s'en éleva d'autres heritiers de leurs biens, mais non de leur foi, qui bien tôt oublierent le Seigneur, & qui ſe laiſſerent aller à toutes ſortes de crimes & de pechez : A Dieu ne plaiſe qu'il en arrive ainſi parmi les Chrétiens : *Omniſque illa generatio congregata eſt ad Patres ſuos, & ſurrexerunt alii qui non noverant Dominum, & opera quæ fecerat cum Iſraël ; feceruntque filii Iſraël malum in conſpectu Domini.* Terminons cette Homelie par une Hiſtoire celebre, qui nous fera voir que la pieté des ſimples Fidelles, a ſurpaſſé quelquefois celle des perſonnes conſacrées à Dieu, & tenus à une plus grande perfection.

SAPRICE Preſtre avoit contracté une amitié ſi étroite, & ſi forte avec Nicephore Laïque, qu'on n'a jamais vû rien de ſemblable ; on les prenoit pour deux Freres uterins, qu'un meſme cœur ſembloit animer. Mais, ô malheur, cette tendre union vint à ſe rompre, leur affection ſe changea en une haine irreconciliable, & diabolique, ils ne pouvoient ſe voir, ni ſe ſouffrir, pas meſme en public.

Cette horrible averſion ayant duré quelque temps, Nicephore fut le premier à ſe reconnoître, & comprenant que le Demon ſeul eſtoit l'auteur de cette inimitié, il engagea quelques-uns de leurs amis communs, d'aller trouver de ſa part le Preſtre Saprice, de le prier de lui pardonner ſa faute, & de le recevoir en ſes bonnes graces. Saprice n'en voulut rien faire. Nicephore lui envoya de nouveau d'autres amis, & lui fit des inſtances plus preſſantes, le conjurant d'oublier ce qui s'eſtoit paſſé, & de vouloir bien ſe reconcilier avec lui. Saprice ne daigna pas ſeulement les entendre. Pour la troiſiéme fois Nicephore lui envoya encore d'autres amis, le ſuppliant avec la derniere humilité de lui accorder la remiſſion de ſa faute. Mais ce Preſtre plus dur qu'un rocher, mettant entierement en oubli cette parole du Sauveur : Pardonnez, & il vous ſera pardonné, ne tint aucun compte de toutes ſes ſoumiſſions. Nicephore voyant la mediation des autres inutile, accourt lui-même, & ſe jette à ſes pieds: Pardonnez moi, lui dit-il, mon Pere, pour l'amour de Jeſus Chriſt. Mais Saprice ne faiſant reflexion ni à ſa qualité de Chretien, ni à ſa dignité de Preſtre, refuſa de l'entendre, & de le regarder, loin de recevoir ſes excuſes, quelque inſtance que Nicephore lui en fit.

Cependant le feu de la Perſecution contre l'Egliſe s'allumant toûjours de plus en plus, on ſe ſaiſit de Saprice, & on le conduiſit devant le Tribunal du Preſident, qui lui dit, quel eſt vôtre nom ? Je m'appelle Saprice, répondit-il. De quelle profeſſion eſtes-vous ?

Je suis au rang des Prestres. Nos Empereurs Valerien & Galien, ajoûta le President, ont ordonné que tous ceux qui se disent Chretiens, ayent à sacrifier aux Dieux immortels, sinon que nous les fassions perir dans des supplices atroces. Saprice répondit au President : Nous autres Chrétiens n'adorons que le Dieu Createur du Ciel & de la Terre ; ainsi que tous les faux Dieux, qui ne sont que l'ouvrage de la main des hommes, perissent.

A ces mots le President irrité, commande qu'on le mette à la torture, & qu'on le dechire sans misericorde. Au milieu de cet effroyable tourment, Saprice dit au President : Vous pouvez affliger mon corps, mais Jesus-Christ seul a pouvoir sur mon ame, laquelle il a créé pour sa gloire. La longueur de ces peines ne pouvant vaincre la patience de Saprice, le President prononça la Sentence de mort contre lui, & le condamna à avoir la teste tranchée.

Ayant reçû son Arrêt, & marchant à la Couronne du Martyre, Nicephore informé de ce qui s'estoit passé, s'en courut au devant de lui, & se jetta à ses pieds : Pardonnez moi, lui dit-il, Martyr de Jesus-Christ, l'offense que j'ay commise contre vous. Mais Saprice ne lui répondit rien. Nicephore revient encore au devant de lui par une autre ruë, car on n'étoit pas encore hors la Ville, & lui dit derechef : Martyr de Jesus Christ, pardonnez-moi une faute que j'ay commise par pure fragilité humaine, vous à qui Jesus-Christ donne la gloire du Martyre, & fait la grace de confesser son nom devant plusieurs témoins.

Mais Saprice ayant le cœur endurci par la haine, non ſeulement refuſa de lui pardonner, mais dédaigna meſme de lui dire une parole. Les Bourreaux qui conduiſoient Saprice, importunez des inſtances reïterees de Nicephore, le rebutoient comme un ridicule & un extravagant, de tant rechercher l'amitié d'un homme qui s'en alloit mourir. Mais il leur repliqua : Vous ne ſçavez pas ce que je veux du Confeſſeur de Jeſus-Chriſt, Dieu le ſçait. Enfin, eſtant arrivez au lieu où Saprice devoit être executé, Nicephore s'approche de lui pour la derniere fois, & lui dit : Il eſt ecrit : Demandez & vous obtiendrez, cherchez & vous trouverez, frappez & on vous ouvrira ; il ajoûta d'autres ſemblables termes pour fléchir ce cœur de marbre, ſans pouvoir l'amolir. Ce cruel ferma l'oreille à la charite, ainſi qu'un Aſpic aux paroles de ceux qui veulent le charmer.

Auſſi vit-on alors le parfait accompliſſement de ces paroles du Sauveur ſur cet implacable Ennemi : Si vous ne remettez pas, on ne vous remettra pas : Car refuſant de faire miſericorde, il merita qu'on lui refuſât la grace & la récompenſe reſervée aux miſericordieux. En effet, les Executeurs de la juſtice lui ayant dit : A genoux, afin qu'on vous coupe la tête. Il répondit : Pourquoi voulez-vous me la couper ? C'eſt repliquerent-ils, parce qu'au mépris de l'Edit de l'Empereur, vous refuſez de ſacrifier aux Dieux, pour adorer un Jeſus Chriſt. A ces mots ce malheureux Preſtre leur dit : Ne me faites point mourir, j'obeïray aux Empereurs, & je ſacrifieray aux Dieux : Tel fut l'aveuglement où la haine le precipita, & la soustraction de graces qu'elle lui attira, il confessa Jesus-Christ dans les tourmens, & lorsqu'il étoit sur le point d'en recevoir la recompense, il renonça à Jesus-Christ, & devint un Apostat detestable.

Nicephore present, dit à Saprice: Gardez-vous, mon cher Frere, de renier Jesus-Christ, je vous prie de ne pas perdre la Couronne éternelle, que vous avez acquise par tant de tourmens & de supplices. Cette remontrance fut vaine, Saprice ne voulut en aucune maniere l'écouter, & refusa d'acheter la gloire éternelle, au prix d'un seul coup d'épée. Jesus-Christ dit dans son Evangile: Si vous offrez vostre present à l'Autel, & que la vous vous souveniez que vostre Frere a quelque chose contre vous, laissez vôtre present devant l'Autel, & allez vous reconcilier avec vostre Frere, puis venez faire vostre Offrande. Saint Pierre le Prince des Apostres, interrogeant le même Sauveur, s'il pardonneroit à celui qui l'auroit offensé, jusques à sept fois. Jesus-Christ lui répondit: Non seulement jusques à septante fois sept fois. Le malheureux Saprice oublia tous ces avis salutaires, refusa de pardonner une seule fois à son Frere, qui lui demandoit pardon avec tant d'instance, & qui le prioit d'excuser sa faute. Il ferma les entrailles de misericorde à son Frere, & les portes du Royaume des Cieux lui furent fermées, perdant avec la grace du Saint Esprit la gloire du Martyre.

Nicephore le voyant obstiné dans son Apostasie, dit aux Executeurs: Je vous declare que je suis Chretien, & que j'adore Jesus-Christ, à qui celui-ci vient de renoncer, c'est pourquoi faites-moy mourir en sa place. Les Bourreaux n'osans pas de leur autorité mettre la main sur lui, envoyerent au President l'informer que Saprice estoit prêt d'adorer les Dieux, mais qu'il y en avoit un autre, lequel crioit hautement qu'il étoit Chrétien, qu'il ne sacrifieroit point aux Idoles, qu'il n'obéïroit point aux Empereurs, & qu'on le fit mourir en la place de Saprice. Le President entendant cette nouvelle, ordonna qu'on coupât la tête à Nicephore, ce qui fut sur le champ executé. C'est ainsi que ce Saint Martyr de Jesus-Christ consomma son Sacrifice, & reçût la Couronne du Martyre, que sa charité & son humilité lui valurent.

4. *Avril* 1711.

FIN.

www.ingramcontent.com/pod-product-compliance
Ingram Content Group UK Ltd.
Pitfield, Milton Keynes, MK11 3LW, UK
UKHW020432180726
13839UKWH00003B/1452

9 782329 561905